22 SOMMERSÜSS

36 HERRLICH HERBSTLICH

48 WUNDERBAR WINTERLICH

KUNSTWERKE ZUM VERNASCHEN

Cupcakes sind die Joker auf der Kaffeetafel. Sie lassen sich je nach Geschmack und Anlass unendlich variieren, sind einfach zu machen und immer beeindruckend.

Die Mini-Törtchen sind nicht einfach »Muffins mit was drauf«. Denn im Gegensatz zum eher rustikalen, hoch aufgegangenen Muffin ist die Cupcake-Basis in der Regel ein feiner Rührteig, der nur mäßig aufgeht, damit noch reichlich Platz ist für cremiges Topping und elegante Deko.
Darüber, wie das aus den USA stammende Gebäck zu seinem Namen kam, gibt es zwei Theorien: die eine besagt, dass es zu Anfang in Tassen (englisch: cups) gebacken wurde, die andere, dass die Zutaten in Tassen abgemessen wurden.

EINFACHE BASIS

So glamourös sie auch aussehen, Cupcakes werden aus ganz bodenständigen Zutaten gemacht: Mehl, Backtriebmittel, Zucker, Puderzucker, Butter, Öl, Milch und Eier sind die Basis. Dazu kommen je nach Rezept geschmacksgebende Zutaten wie etwa Nüsse und Kerne, Kakao, Schokolade, Marzipan, Gewürze, Salz, Früchte oder Gemüse und Milchprodukte wie Frischkäse oder Sahne für die Toppings. Bei der Verzierung können Sie dann nach Lust, Laune und Anlass in die Vollen greifen – von ganz natürlich bis quietschbunt ist alles drin. Ideen zum Aufhübschen Ihrer Cupcakes finden Sie bei den Rezepten und in den Klappen am Anfang und am Ende des Buches.

SCHNELL IN FORM

Alles, was Sie zum Cupcake-Backen brauchen, haben Sie wahrscheinlich eh zu Hause. Zuallererst benötigen Sie eine Muffinform. Alle Rezepte (bis auf eines für Minis) in diesem Buch sind für ein 12er-Muffinblech ausgelegt, dessen Mulden jeweils 100 ml fassen. Sie lassen sich natürlich auch als Minis backen: Die halbe Rezeptmenge reicht dann für ein 24er-Mini-Muffinblech. Neben Blechformen gibt es auch Silikonformen, aus denen sich das Gebäck leicht löst. Allerdings bräunt es darin weniger. Auch wenn die Blechformen fast immer beschichtet sind, empfiehlt sich die Verwendung von Papierförmchen. So kommt das Gebäck unfallfrei aus der Form und sieht zudem schön aus.

EINFACH LOSBACKEN

Um köstliche Cupcakes in vielen Variationen zu zaubern, brauchen Sie weder spezielle Geräte noch besonders viel Zeit oder Erfahrung. Also, an die Schüssel, fertig, los!

SCHNELLES RÜHRSTÜCK

Für alle Teige und Toppings in diesem Buch reicht ein elektrisches Handrührgerät aus. Für Buttercremes, die länger aufgeschlagen werden, ist eine Küchenmaschine jedoch praktisch. Den fertigen Teig nicht stehen lassen, sonst verpufft die Wirkung des Backpulvers. Also schnell in die Förmchen verteilen und ab in den vorgeheizten Ofen – bei Ober- und Unterhitze. So geht der Teig gleichmäßig auf. Ob die Cupcakes fertig sind, testen Sie, indem Sie kurz vor der angegebenen Backzeit ein Holzstäbchen hineinstechen: klebt beim Rausziehen kein feuchter Teig dran, raus mit den Küchlein! Kurz ruhen lassen, aus der Form nehmen und auf einem Kuchengitter vollständig auskühlen lassen.

SÜSSER AUFTRAG

Das Topping lässt sich mit einem Messer oder Löffel auf die Cupcakes streichen. Besonders hübsch sieht es aus, wenn man es mit einem Spritzbeutel auftürmt. Es gibt unzählige Tüllen für verschiedene Formen und Muster. Je eine Loch- und Sterntülle reichen für den Anfang, am besten mit einer Öffnung von mindestens 14 mm Durchmesser. Damit lassen sich Tuffs, Swirls und Rosen perfekt aufspritzen. Für Swirls das Topping von außen nach innen hoch aufspritzen, für Rosen von innen nach außen flach aufspritzen. Um hübsche Hütchen zu spritzen, ist die Toppingmenge meist eher großzügig bemessen. Wenn Sie es weniger üppig mögen, können Sie die Menge natürlich reduzieren.

ALLROUND-RÜHRTEIG

175 g Mehl | ½ Pck. Backpulver (8 g) | Salz | 100 g weiche Butter | 100 g Zucker | ausgekratztes Mark von 1 Vanilleschote (ersatzweise 1 TL Vanille-Extrakt) | 2 Eier | 125 ml Milch | 12 Papierförmchen

Für 12 Cupcakes | 20 Min. Zubereitung | 20 Min. Backen | 1 Std. Auskühlen | Pro Stück ca. 165 kcal, 3 g EW, 8 g F, 19 g KH

1 Backofen auf 175° vorheizen. Muffinblech mit Papierförmchen auslegen. Das Mehl mit dem Backpulver und 1 Prise Salz mischen und in eine Schüssel sieben.

2 Butter, Zucker und Vanille in eine Schüssel geben und mit den Quirlen des Handrührgeräts ca. 5 Min. aufschlagen. Die Eier einzeln unterschlagen.

3 Die Mehlmischung im Wechsel mit der Milch auf niedriger Stufe nur kurz unterrühren. Dann die Mischung ca. 10 Sek. auf höchster Stufe durchrühren.

4 Den Teig zügig in die Mulden des Muffinblechs füllen. Besonders gleichmäßig und ziemlich kleckerfrei gelingt das mit einem Eiskugelformer.

5 Die Cupcakes im Ofen (Mitte) 18–20 Min. backen. Herausnehmen und in den Papierförmchen auf einem Kuchengitter vollständig auskühlen lassen.

TIPP

Vegan wird der Allround-Rührteig mit veganer Margarine, Pflanzenmilch und Ei-Ersatz. Nussig, wenn Sie bis zur Hälfte des Mehls durch gemahlene Nüsse ersetzen. Schokoladig wird er mit 40 g Kakaopulver, 2–3 EL mehr Milch und 100 g Schokostückchen. Würzig mit Zimt- oder Ingwerpulver.

FRISCHKÄSETOPPING

120 g Puderzucker | 120 g weiche Butter | ausgekratztes Mark von 1–2 Vanilleschoten (ersatzweise 1–2 TL Vanille-Extrakt) | 370 g Doppelrahmfrischkäse

Für 12 Cupcakes | 15 Min. Zubereitung |
Pro Portion ca. 200 kcal, 2 g EW, 16 g F, 10 g KH

1 Den Puderzucker sieben und mit der weichen Butter in eine Schüssel geben. Mit den Quirlen des Handrührgeräts in ca. 5 Min. hell und cremig aufschlagen.

2 Das Vanillemark dazugeben und unterrühren. Auch für die Zugabe von anderen Aromen wie Zitrusschale oder Gewürze ist jetzt der richtige Zeitpunkt.

3 Den Frischkäse auf niedriger Stufe unter die Buttercreme rühren. Nur kurz rühren, sonst kann die Creme gerinnen. Nach Belieben färben (siehe Klappe hinten).

4 Mit einem Teigschaber alle Zutaten, die an den Innenseiten der Schüssel kleben, nach unten schieben und noch einmal kurz unter die Creme rühren.

5 Einen Spritzbeutel mit großer Lochtülle (14 mm ∅) oben nach außen umstülpen, in ein hohes Gefäß stellen und die Creme einfüllen. Zugedeckt kühl stellen.

TIPP

Statt Doppelrahmfrischkäse können Sie auch andere Frischkäsesorten wie Mascarpone, Ricotta, Schmand oder Quark verwenden. Achtung: je geringer der Fettgehalt des verwendeten Produkts, desto weicher wird das Topping und desto länger sollte es vor dem Aufspritzen gekühlt werden.

KLASSISCHES BUTTERCREMETOPPING

1 Pck. Puddingpulver zum Kochen (z. B. Vanille- oder Sahnegeschmack) | 500 ml kalte Flüssigkeit (z. B. Milch, Pflanzenmilch, Fruchtsaft) | 4 EL Zucker | 200 g weiche Butter oder vegane Margarine

Für 12 Cupcakes | 25 Min. Zubereitung | 2 Std. Abkühlen |
Pro Portion ca. 185 kcal, 2 g EW, 15 g F, 10 g KH

1 Puddingpulver mit ca. 50 ml von der kalten Flüssigkeit glatt rühren. Restliche Flüssigkeit mit dem Zucker in einen Topf geben und zum Kochen bringen.

2 Kalt angerührtes Puddingpulver in die kochende Flüssigkeit rühren. Die Mischung unter Rühren wieder zum Kochen bringen und ca. 1 Min. köcheln lassen.

3 Den Pudding in eine Schüssel füllen. Die Oberfläche mit Frischhaltefolie abdecken, damit keine Haut entsteht. Auf Zimmertemperatur abkühlen lassen.

4 Den zimmerwarmen Pudding glatt rühren. Weiche Butter oder Margarine esslöffelweise dazugeben, mit den Quirlen des Handrührgeräts gut unterrühren.

5 Die Creme in den Spritzbeutel füllen und zugedeckt kühl stellen. Ca. 30 Min. vor der Verwendung aus dem Kühlschrank holen, damit sie etwas weicher wird.

TIPP

Butter und Pudding müssen dieselbe Temperatur haben, sonst gerinnt die Creme. Wenn es doch mal passiert ist, die Creme über einem heißen Wasserbad erwärmen und rühren, bis sie wieder glatt ist. Anschließend kühl stellen, bis die Creme fester geworden ist, dann erneut aufschlagen.

SWISS-MERINGUE-BUTTERCREME

2 frische Eiweiß | 125 g Zucker | 150 g weiche Butter

Für 12 Cupcakes | 25 Min. Zubereitung |
Pro Portion ca. 135 kcal, 1 g EW, 10 g F, 11 g KH

1 Eiweiße und Zucker in einer Schüssel über einem heißen Wasserbad mit einem Schneebesen einige Minuten verrühren, bis sich der Zucker aufgelöst hat.

2 Die Schüssel vom Wasserbad nehmen und die Mischung mit den Quirlen des Handrührgeräts oder der Küchenmaschine auf hoher Stufe ca. 10 Min. weiterschlagen.

3 Ist die Masse vollständig erkaltet und bildet kleine Spitzen, die weiche Butter esslöffelweise dazugeben und auf etwas niedrigerer Stufe unterrühren.

4 Ca. 4 Min. auf niedriger Stufe weiterschlagen. Zwischendurch sieht die Creme geronnen aus, sie wird aber wieder glatt. Nach Belieben färben oder aromatisieren.

5 Die fertige Creme in einen Spritzbeutel mit großer Tülle (14 mm Ø) füllen, diesen in ein hohes Gefäß stellen, zugedeckt kühl stellen. Cupcakes verzieren.

TIPP

Für die feine Swiss-Meringue-Buttercreme unbedingt sehr frische Eiweiße verwenden. Wenn Sie ganz sicher gehen wollen, sollten Sie die Eiweiße beim Schlagen über dem Wasserbad gut 10 Min. auf über 70° erhitzen. Das können Sie mit einem Zuckerthermometer überprüfen.

FRÜHLINGSFRISCH

Cupcakes mit saftigen Erdbeeren oder Rhabarber, süße Schmetterlinge oder kleine Osternestchen wecken jetzt Frühlingsgefühle und bringen fröhlich-frischen Wind auf Ihre Kaffeetafel!

ERDBEER-WALDMEISTER-CUPCAKES

Der saftige Zitronenrührteig mit frischen Früchten wird gekrönt von einem zartgrünen Häubchen aus leichter Frischkäsecreme – so schmeckt uns der Frühling.

Für den Teig:
300 g Erdbeeren
180 g Mehl
½ Pck. Backpulver (8 g)
Salz
150 g weiche Butter
150 g Zucker
abgeriebene Schale und
5 EL Saft von 1 Bio-Zitrone
3 Eier
Für das Topping:
120 g weiche Butter
100 g Puderzucker
6 EL Waldmeistersirup
2 TL Zitronensaft
200 g Doppelrahmfrischkäse
200 g Magerquark
Waldmeisterblättchen zum
Verzieren (nach Belieben)
Außerdem:
12 Papierförmchen

Dreamteam

Für 12 Stück |
35 Min. Zubereitung |
25 Min. Backen |
1 Std. Abkühlen
Pro Stück ca. 375 kcal,
7 g EW, 21 g F, 39 g KH

1 Den Backofen auf 175° vorheizen. Je ein Papierförmchen in die Vertiefungen des Muffinblechs setzen. Für den Teig Erdbeeren waschen und abtropfen lassen. 6 Beeren beiseitelegen. Die restlichen Beeren (ca. 200 g) putzen und klein würfeln.

2 Mehl, Backpulver und 1 Prise Salz mischen. Butter und Zucker mit den Quirlen des Handrührgeräts in ca. 5 Min. cremig aufschlagen. Zitronenschale unterrühren. Eier einzeln unterrühren.

3 Die Mehlmischung im Wechsel mit dem Zitronensaft in zwei Portionen dazugeben und auf niedriger Stufe kurz unterrühren. Erdbeerwürfel unterheben. Teig in die Papierförmchen füllen. Im Ofen (Mitte) 20 – 25 Min. backen. Cupcakes herausnehmen, kurz abkühlen lassen, aus dem Blech lösen und auf einem Kuchengitter auskühlen lassen.

4 Inzwischen für das Topping die Butter und den Puderzucker mit den Quirlen des Handrührgeräts in ca. 5 Min. hell-luftig rühren. Sirup und Zitronensaft untermischen. Frischkäse und Quark dazugeben und kurz unterrühren. Das Topping in einen Spritzbeutel mit großer Lochtülle (14 mm Ø) füllen und kühl stellen.

5 Das Topping als Tuffs auf die Cucpakes spritzen. Übrige Erdbeeren halbieren. Cupcakes mit je ½ Erdbeere und nach Belieben Waldmeisterblättchen verzieren.

TIPP

Die Cupcakes schmecken statt mit Topping auch mit einem dickflüssigen Guss, angerührt aus 75 g gesiebtem Puderzucker, 1 EL Waldmeistersirup und ca. 2 EL Zitronensaft.

Ball

SCHMETTERLING-CUPCAKES

225 g weiche Butter | 175 g Mehl | ½ Pck. Backpulver (8 g) | 1 Prise Salz | 100 g Zucker | 2 Eier | 125 ml Milch | ausgekratztes Mark von 1 Vanilleschote (ersatzweise 1 TL Vanille-Extrakt) | 150 g Himbeeren | 250 g gesiebter Puderzucker | 24 kleine Zuckerperlen | Gummi- oder Lakritzschnüre für die Fühler | Puderzucker zum Bestäuben | 12 Papierförmchen

Kinderliebling

Für 12 Stück | 30 Min. Zubereitung | 20 Min. Backen | 1 Std. Abkühlen
Pro Stück ca. 335 kcal, 3 g EW, 17 g F, 42 g KH

1 Backofen auf 175° vorheizen. Je ein Papierförmchen in die Vertiefungen des Muffinblechs setzen. Den Teig mit 100 g Butter, Mehl, Backpulver, Salz, Zucker, Eiern, Milch und Vanillemark wie im Grundrezept (siehe S. 6) beschrieben zubereiten und in die Förmchen füllen. Im Ofen (Mitte) 18 – 20 Min. backen. Cakes herausnehmen, kurz abkühlen lassen, aus dem Blech lösen und auf einem Kuchengitter auskühlen lassen.

2 Inzwischen für das Topping die Himbeeren verlesen, pürieren und durch ein Sieb streichen. Übrige Butter und Puderzucker mit den Quirlen des Handrührgeräts ca. 5 Min. aufschlagen. Das Beerenpüree unterrühren und das Topping in einen Spritzbeutel mit großer Lochtülle (14 mm ∅) füllen.

3 Von den Cupcakes einen Deckel abschneiden und halbieren. Topping flach auf die Unterteile spritzen. Hälften mit den runden Seiten gegeneinander leicht hochgestellt als »Flügel« daraufsetzen. Je einen Tuff als »Gesicht« aufspritzen, mit Perlen als Augen und Schnüren als Fühler verzieren. Die Flügel mit Puderzucker bestäuben.

CARROT-CUPCAKES MIT ANANAS

2 Möhren (ca. 150 g) | 120 g Ananas (aus der Dose) | 175 g Mehl | 150 g brauner Zucker | 1 leicht geh. TL Natron (7 g) | 1 TL Zimtpulver | ½ TL gemahlener Ingwer | Salz | 75 g gehäutete Mandeln | 150 ml Sonnenblumenöl | 2 Eier | 60 g Kokosraspel | 60 g weiche Butter | 50 g Puderzucker | 1 EL flüssiger Honig (25 g) | 1 TL abgeriebene Schale und 1 – 2 TL Saft von 1 Bio-Zitrone | 185 g Doppelrahmfrischkäse | 12 Marzipanmöhren, Puderzucker und Orangenschale zum Verzieren | 12 Papierförmchen

Super-saftiger Klassiker

Für 12 Stück | 25 Min. Zubereitung | 20 Min. Backen | 1 Std. Abkühlen
Pro Stück ca. 420 kcal, 6 g EW, 29 g F, 34 g KH

1 Backofen auf 190° vorheizen. Je ein Papierförmchen in die Vertiefungen des Muffinblechs setzen. Möhren schälen, grob raspeln. Ananas grob zerkleinern, pürieren. Mehl, Zucker, Natron, Gewürze und 1 Prise Salz mischen. Mandeln grob hacken.

2 Öl und Eier mit den Quirlen des Handrührgeräts ca. 5 Min. verquirlen. Ananas unterrühren. Nacheinander Mehlmischung, Mandeln, Kokos- und Möhrenraspel dazugeben und mit einem Löffel kurz untermischen. Teig in die Förmchen füllen. Im Ofen (Mitte) ca. 20 Min. backen. Cakes herausnehmen, kurz abkühlen lassen, aus dem Blech lösen und auf einem Kuchengitter auskühlen lassen.

3 Inzwischen weiche Butter, Puderzucker, Honig, Zitronenschale und -saft mit den Quirlen des Handrührgeräts in ca. 5 Min. hell-cremig aufschlagen. Den Frischkäse kurz unterrühren. Topping wellig auf den Cupcakes verstreichen. Mit Marzipanmöhren, Puderzucker und Orangenschale verzieren.

PISTAZIEN-HERZ-CUPCAKES

Mit einem einfachen Trick backen Sie in Ihrer Muffinform süße Herzchen, die nicht nur bei Hochzeiten, am Muttertag oder Valentinstag für entzückte Blicke sorgen.

Für den Teig:
125 g Mehl
50 g gemahlene Pistazien
½ Pck. Backpulver (8 g)
160 g Zucker
Salz | 1 Ei
175 g Buttermilch
60 ml Sonnenblumenöl
ausgekratztes Mark von
1 Vanilleschote (ersatzweise
1 TL Vanille-Extrakt)
50 g gehackte Pistazien
Für das Topping:
200 g Mascarpone
50 g Puderzucker
2 EL Rosenwasser (aus der
Apotheke; ersatzweise
1 TL Vanille-Extrakt)
1–2 TL Himbeersirup
100 g Sahne
Außerdem:
12 gezuckerte oder kandierte
Rosenblütenblätter zum
Verzieren (nach Belieben)
12 Papierförmchen
12 Streifen Alufolie

Wunderbar romantisch

Für 12 Stück |
30 Min. Zubereitung |
25 Min. Backen |
1 Std. Abkühlen
Pro Stück ca. 325 kcal,
5 g EW, 21 g F, 30 g KH

1 Den Backofen auf 175° vorheizen. Je ein Papierförmchen in die Vertiefungen des Muffinblechs setzen. Aus jedem Streifen Alufolie einen Fächer falten und jeweils zwischen Förmchen und Blech stecken, sodass das Papierförmchen eine Herzform erhält.

2 Für den Teig Mehl, gemahlene Pistazien, Backpulver, Zucker und 1 Prise Salz mischen. Ei, Buttermilch, Öl und Vanille mit den Quirlen des Handrührgeräts verquirlen. Die Mehlmischung auf niedriger Stufe kurz unterrühren, dann den Teig ca. 10 Sek. auf höchster Stufe durchrühren. Die gehackten Pistazien unterheben.

3 Teig in die Förmchen füllen. Im Ofen (Mitte) 20–25 Min. backen. Cakes herausnehmen, kurz abkühlen lassen, aus dem Blech lösen und auf einem Kuchengitter auskühlen lassen.

4 Inzwischen für das Topping den Mascarpone mit Puderzucker, Rosenwasser und Himbeersirup glatt rühren. Die Sahne steif schlagen und unter die Mascarponecreme heben. Das Topping in einen Spritzbeutel mit großer Lochtülle (14 mm ∅) füllen und bis zur Verwendung kühl stellen.

5 Das Topping vor dem Servieren herzförmig auf die Cupcakes spritzen. Nach Belieben mit gezuckerten oder kandierten Rosenblütenblättern verzieren.

VARIANTE RED-VELVET-CUPCAKES

Der Klassiker in der Backszene sind diese Cupcakes mit Wow-Effekt! Backofen auf 185° vorheizen. 150 ml Sonnenblumenöl mit 150 g Zucker verquirlen. 1 Ei und 1 Eigelb dazugeben und hell-cremig aufschlagen. 150 ml Buttermilch, 1–2 TL rote Speisefarbenpaste und 1 TL Vanille-Extrakt unterrühren. 175 g Mehl, 50 g Speisestärke, 25 g Kakaopulver und 1 Prise Salz mischen, kurz unter die Masse rühren. 1 TL Apfel- oder Weißweinessig und 1 TL Natron vermischen und sofort unterrühren. Teig in die Förmchen füllen und im Ofen ca. 20 Min. backen. Ausgekühlte Cakes mit 1 Portion Frischkäsetopping (siehe S. 7) garnieren und nach Belieben verzieren.

RHABARBER-BAISER-CUPCAKES

125 g Rhabarber (geputzt gewogen) | 1 EL + 100 g Zucker | ¼ Pck. Vanillepuddingpulver zum Kochen | 175 g Mehl | ½ Pck. Backpulver (8 g) | 1 Prise Salz | 100 g weiche Butter | 2 Eier | 125 ml Milch | ausgekratztes Mark von 1 Vanilleschote (ersatzweise 1 TL Vanille-Extrakt) | 300 g Sahne | 1–2 EL Holunderblütensirup | 60 g kleine rosa und weiße Baisertuffs (Fertigprodukt) | 12 Papierförmchen

Mit fruchtigem Herz

Für 12 Stück | 35 Min. Zubereitung | 25 Min. Backen | 1 Std. Abkühlen
Pro Stück ca. 275 kcal, 4 g EW, 16 g F, 28 g KH

1 Die Rhabarberstangen längs halbieren und in ca. ½ cm breite Stücke schneiden. Mit 1 EL Zucker und 2–3 EL Wasser ca. 5 Min. dünsten. Puddingpulver mit 2 EL Wasser glatt rühren. In das Rhabarberkompott rühren, aufkochen und ca. 1 Minute unter Rühren köcheln lassen. In eine Schüssel füllen, die Oberfläche mit Frischhaltefolie abdecken, abkühlen lassen.

2 Backofen auf 175° vorheizen. Je ein Papierförmchen in die Vertiefungen des Muffinblechs setzen. Aus den angegebenen Zutaten mit 100 g Zucker wie im Grundrezept (siehe S. 6) beschrieben einen Teig zubereiten. Die Hälfte in die Förmchen füllen. Je 1 gehäuften TL Kompott daraufgeben, mit restlichem Teig bedecken. Im Ofen (Mitte) ca. 20 Min. backen. Cupcakes herausnehmen, kurz abkühlen lassen, aus dem Blech lösen und auf einem Kuchengitter auskühlen lassen.

3 Sahne steif schlagen, dabei den Sirup einlaufen lassen. Baisers grob zerbröseln und unterheben. Wolkig auf den Cakes verteilen, sofort servieren.

OSTERNEST-CUPCAKES

200 g Mehl | ½ Pck. Backpulver (8 g) | 160 g weiche Butter | 100 g Zucker | 1 Pck. Vanillezucker | Salz | 2 Eier | 130 ml Eierlikör (ersatzweise Vanillesauce aus dem Kühlregal) | 100 ml Milch | 60 g dunkler Schokoladen-Brotaufstrich | 100 g weiße Kuvertüre | 185 g kalter Doppelrahmfrischkäse | ca. 150 g kleine Zucker- oder Schokoladeneier | 12 Papierförmchen

Mit Schuss

Für 12 Stück | 35 Min. Zubereitung | 20 Min. Backen | 1 Std. Abkühlen
Pro Stück ca. 425 kcal, 6 g EW, 26 g F, 40 g KH

1 Backofen auf 175° vorheizen. Je ein Papierförmchen in die Vertiefungen des Muffinblechs setzen. Mehl und Backpulver mischen. 100 g Butter, Zucker, Vanillezucker und 1 Prise Salz mit den Quirlen des Handrührgeräts cremig rühren. Eier einzeln unterrühren. Mehlmischung abwechselnd mit 100 ml Eierlikör und Milch kurz unterrühren. Teig ca. 10 Sek. auf höchster Stufe rühren. Die Hälfte in die Förmchen füllen. Je ½ – 1 TL Schoko-Brotaufstrich daraufgeben, mit restlichem Teig bedecken. Im Ofen (Mitte) ca. 20 Min. backen. Herausnehmen, kurz abkühlen lassen, aus dem Blech lösen und auf einem Kuchengitter auskühlen lassen.

2 Für das Topping die weiße Kuvertüre hacken und über einem heißen Wasserbad schmelzen. Den Frischkäse glatt rühren, die Kuvertüre in zwei Portionen unterrühren. Übrige Butter und übrigen Likör unterrühren. Das Topping mit einem Spritzbeutel mit großer Lochtülle (14 mm ∅) in Nestform auf die Cupcakes spritzen. Die kleinen Zucker- oder Schokoladeneier auf die »Nester« verteilen.

ERDBEER-SCHOKO-CUPCAKES

Die Prachtexemplare mit Brownie-Boden, Erdbeeren und luftiger Schaummasse unter dem Schokohut machen etwas mehr Arbeit, dafür aber auch umso mehr Eindruck.

Für den Teig:
125 g Zartbitterschokolade
3 Eier
Salz
125 g Zucker
125 g weiche Butter
125 g Mehl
Für das Topping:
12 mittelgroße Erdbeeren
4 frische Eiweiß
250 g Puderzucker
gut ½ TL Weinstein-Backpulver (3 g, Drogeriemarkt oder Bioladen)
200 g Zartbitterschokolade
20 g Kokosfett
Außerdem:
kleine Zuckerperlen (Nonpareilles) zum Bestreuen
12 Papierförmchen

Spektakulär

Für 12 Stück | 1 Std. Zubereitung | 15 – 18 Min. Backen | 1 Std. Abkühlen | 45 Min. Trocknen
Pro Stück ca. 425 kcal, 6 g EW, 23 g F, 49 g KH

1 Backofen auf 175° vorheizen. Je ein Papierförmchen in die Vertiefungen des Muffinblechs setzen. Für den Teig Schokolade hacken und über einem heißen Wasserbad schmelzen. Kurz abkühlen lassen. Eier trennen. Eiweiße mit 1 Prise Salz steif schlagen, dabei die Hälfte des Zuckers einrieseln lassen. Die Butter mit den Quirlen des Handrührgeräts hell-cremig aufschlagen. Die Schokolade, dann die Eigelbe und den übrigen Zucker unterrühren. Mehl kurz unterrühren, Eischnee unterheben.

2 Teig in die Förmchen füllen. Im Ofen (Mitte) 15 – 18 Min. backen. Herausnehmen, kurz abkühlen lassen, aus dem Blech lösen und auf einem Kuchengitter auskühlen lassen.

3 Für das Topping die Erdbeeren waschen, putzen und trocken tupfen. Eiweiße mit Puderzucker und Backpulver in einer Metallschüssel mischen, unter ständigem Rühren mit den Quirlen des Handrührgeräts über einem heißen Wasserbad in 10 – 15 Min. schaumig aufschlagen (Bild 1). Die Masse in drei Portionen in einen Spritzbeutel mit großer Lochtülle (14 mm ∅) füllen. Auf jedem Cupcake mit einem Klecks 1 Erdbeere festkleben. Restliche Creme um die Erdbeeren herum als Hut aufspritzen, bis sie nicht mehr zu sehen sind (Bild 2). Kühl stellen.

4 Die Schokolade hacken und mit dem Kokosfett in einer Schüssel über einem heißen Wasserbad schmelzen. Kurz abkühlen lassen. Die Cupcakes schräg über die Schüssel halten und die Schokolade mit einem Löffel über dem Hut verteilen (Bild 3). Mit den kleinen Zuckerperlen bestreuen und die Schokolade fest werden lassen. Bis zum Servieren kühl stellen.

1

2

3

SOMMERSÜSS

Jetzt machen uns die feinen Kleinen mit frischen Beeren, Kirschen oder Aprikosen Appetit, kommen lässig im Eishörnchen und mit leichter Creme daher oder überraschen als gebackene Cocktailvariante an heißen Tagen.

TIRAMISU-KIRSCH-CUPCAKES

Mit saftigen Sommerkirschen im espressogetränkten Teig und feiner Mascarponecreme schmeckt der Dessert-Klassiker aus Italien auch als Cupcake einfach »delizioso«.

Für den Teig:
375 g Süßkirschen
175 g + 1–2 EL Mehl
½ Pck. Backpulver (8 g)
Salz
100 g weiche Butter
100 g Zucker
2 Eier | 125 ml Milch
3–4 EL kalter Espresso
(ca. 35 ml)

Für das Topping:
250 g Mascarpone
50 g Puderzucker
ausgekratztes Mark von
½ Vanilleschote (ersatzweise
½ TL Vanille-Extrakt)
120 g Sahne

Außerdem:
Kakaopulver zum Bestäuben
12 Papierförmchen
Einwegspritze (50 ml Inhalt;
aus der Apotheke)

Für Festtage

Für 12 Stück |
50 Min. Zubereitung |
20 Min. Backen |
1 Std. Abkühlen
Pro Stück ca. 335 kcal,
5 g EW, 22 g F, 30 g KH

1 Den Backofen auf 175° vorheizen. Je ein Papierförmchen in die Vertiefungen des Muffinblechs setzen. Für den Teig die Kirschen waschen, 12 Kirschen für die Verzierung beiseitelegen, die übrigen ca. 250 g Kirschen entstielen, entsteinen und jeweils halbieren. Abtropfen lassen.

2 175 g Mehl, Backpulver und 1 Prise Salz mischen und in eine Schüssel sieben. Butter und Zucker mit den Quirlen des Handrührgeräts ca. 5 Min. aufschlagen, die Eier einzeln unterschlagen. Die Mehlmischung abwechselnd mit der Milch unterrühren. Die Kirschen mit 1–2 EL Mehl bestäuben und unter den Teig heben. Teig in die Förmchen füllen. Im Ofen (Mitte) 18–20 Min. backen, herausnehmen und kurz abkühlen lassen.

3 Mithilfe einer Einwegspritze in jeden Cupcake an zwei bis drei Stellen je ca. 1 ml Espresso spritzen. Alternativ mit einem Holzspießchen zwei bis drei Löcher in jeden Cupcake stechen und die Flüssigkeit vorsichtig mit einem Löffel hineinträufeln. Cakes aus dem Blech lösen und auf einem Kuchengitter auskühlen lassen.

4 Für das Topping Mascarpone mit Puderzucker und Vanille glatt rühren. Die Sahne steif schlagen und vorsichtig unterheben. Die Creme in einen Spritzbeutel mit großer Sterntülle (14 mm Ø) füllen, kühl stellen und vor dem Servieren auf die Cupcakes spritzen. Mit Kakaopulver bestäuben und mit je 1 Kirsche verzieren.

TIPP

Außerhalb der Saison oder wenn es keine schönen Kirschen gibt, nehme ich auch mal Kirschen aus dem Glas. Ein kleines Glas (175 g Abtropfgewicht) reicht.

BLAUBEER-CUPCAKES

300 g Blaubeeren | 40 g Maismehl | 20 g Mandelmehl (aus Reformhaus oder Bioladen) | 90 g Maisstärke | 2 g Johannisbrotkernmehl (aus Reformhaus oder Bioladen) | ½ Pck. Backpulver (8 g) | Salz | 4 Eier | 120 g weiche Butter | 120 g Zucker | 250 g Schmand (24 % Fett) | 1 TL Puderzucker | ausgekratztes Mark von ½ Vanilleschote (ersatzweise ½ TL Vanille-Extrakt) | 12 Papierförmchen

Glutenfrei

Für 12 Stück | 25 Min. Zubereitung | 20 Min. Backen | 1 Std. Abkühlen
Pro Stück ca. 245 kcal, 4 g EW, 16 g F, 21 g KH

1 Backofen auf 175° vorheizen. Je ein Papierförmchen in die Vertiefungen des Muffinblechs setzen. Blaubeeren verlesen, waschen und abtropfen lassen. Ca. ein Drittel zum Verzieren beiseitelegen.

2 Beide Mehle, Stärke, Johannisbrotkernmehl, Backpulver und 1 Prise Salz mischen. Die Eier trennen. Butter und 80 g Zucker mit den Quirlen des Handrührgeräts in ca. 5 Min. cremig rühren. Eigelbe einzeln unterrühren. Mehlmischung auf niedriger Stufe kurz unterrühren. Eiweiße steif schlagen, dabei den übrigen Zucker einrieseln lassen. Den Eischnee, dann die Beeren unter den Teig heben. Den Teig in die Förmchen füllen. Im Ofen (Mitte) ca. 20 Min. backen. Cupcakes herausnehmen, kurz abkühlen lassen, aus dem Blech lösen und auf einem Kuchengitter ganz auskühlen lassen.

3 Inzwischen für das Topping den Schmand mit Puderzucker und Vanillemark oder -Extrakt mit den Quirlen des Handrührgeräts ca. 5 Min. aufschlagen. Vor dem Servieren je 1–2 TL Topping als Klecks auf die ausgekühlten Cupcakes geben. Mit den beiseitegelegten Blaubeeren verzieren.

HIMBEER-MANDEL-CUPCAKES

250 ml + 2 – 3 EL Milch | ½ Pck. Vanillepuddingpulver zum Kochen | 2 EL + 125 g Zucker | 150 g weiche Butter | 250 g Himbeeren | 75 g gehäutete gemahlene Mandeln | 150 g Mehl | 1 TL Backpulver (6 g) | Salz | 2 Eier | 150 g Vanillejoghurt | 1 – 2 EL Mandelblättchen für die Deko | 12 Papierförmchen

Einfach lecker

Für 12 Stück | 45 Min. Zubereitung | 25 Min. Backen | 3 Std. Abkühlen
Pro Stück ca. 285 kcal, 6 g EW, 17 g F, 28 g KH

1 Für das Topping aus 250 ml Milch, Puddingpulver, 2 EL Zucker und 50 g Butter wie im Grundrezept (siehe S. 8) beschrieben eine klassische Buttercreme herstellen und zugedeckt kühl stellen. Backofen auf 175° vorheizen. Je ein Papierförmchen in die Vertiefungen des Muffinblechs setzen.

2 Die Himbeeren verlesen. Gemahlene Mandeln in einer Pfanne ohne Fett leicht anrösten. Mit Mehl, Backpulver und 1 Prise Salz mischen. Übrige Butter und 125 g Zucker mit den Quirlen des Handrührgeräts in ca. 5 Min. cremig rühren. Die Eier einzeln unterrühren. Die Mehlmischung im Wechsel mit dem Joghurt und 2 – 3 EL Milch kurz unter den Teig rühren. Die Beeren bis auf 12 Stück unterheben.

3 Teig in die Förmchen füllen. Im Ofen (Mitte) 20 – 25 Min. backen. Cupcakes herausnehmen, kurz abkühlen lassen. Aus dem Blech lösen und auf einem Kuchengitter ganz auskühlen lassen.

4 Die gekühlte Buttercreme auf den Cupcakes verstreichen. Je 1 Beere in die Mitte setzen und einige Mandelblättchen als Blütenblätter drumherum in die Creme stecken.

EISHÖRNCHEN-CUPCAKES

Hier gibt's die kleinen Küchlein mal in der Eiswaffel auf die Hand statt auf den Teller! Das kommt an heißen Tagen bei kleinen und großen Süßschnäbeln gut an.

Für den Teig:
150 g Rote Johannisbeeren
150 g Mehl
½ Pck. Backpulver (8 g)
Salz | 75 g weiche Butter
75 g Zucker | 1 Ei (L)
125 ml Milch
1–2 TL Zitronensaft
Für das Topping:
200 g Magerquark
3 EL Puderzucker
2–3 TL Zitronensaft
abgeriebene Schale von ½ Bio-Zitrone
250 g Sahne
Außerdem:
12 Waffelhörnchen für Eis (à ca. 13 g, 50 ml Inhalt)
Tortenring oder tiefer Bräter (mind. 8,5 cm hoher Rand)
Zucker zum Bestreuen

Sommer-Überraschung

Für 12 Stück | 30 Min. Zubereitung | 25 Min. Backen | 1 Std. Abkühlen
Pro Stück ca. 250 kcal, 6 g EW, 14 g F, 25 g KH

1 Den Backofen auf 175° vorheizen. Den Tortenring oder Bräter mit drei- bis vierfach gelegter extrastarker Alufolie straff bedecken und auf den Backofenrost stellen. Mit einem Holzspießchen nacheinander zwölf kleine Löcher hineinstechen, jeweils vorsichtig ein Waffelhörnchen hineinstecken und so weit nach unten schieben, dass es fast unter der Folie verschwindet (Bild 1).

2 Für den Teig Beeren waschen, abtropfen lassen und abzupfen. Ca. 25 g beiseitelegen. Mehl, Backpulver und 1 Prise Salz mischen. Butter und Zucker mit den Quirlen des Handrührgeräts in ca. 5 Min. cremig rühren. Ei unterrühren. Mehlmischung im Wechsel mit Milch und Zitronensaft auf niedriger Stufe untermischen. Ca. 10 Sek. auf höchster Stufe durchrühren. Beeren unterheben.

3 Mithilfe von zwei Löffeln je 2–3 EL Teig in jede Waffel füllen. Im Ofen (unten) 20–25 Min. backen, am besten eine Stäbchenprobe machen (siehe S. 5). Herausnehmen, kurz abkühlen lassen. Waffeln aus den Formen nehmen und liegend auf einem Kuchengitter auskühlen lassen (Bild 2).

4 Inzwischen für das Topping Quark mit Puderzucker, Zitronensaft und -schale glatt rühren. Die Sahne steif schlagen und unterheben (Bild 3). Vor dem Servieren je 1 »Eiskugel« vom Topping auf die Cupcakes geben. Mit den übrigen Beeren verzieren und mit Zucker bestreuen. Evtl. übriges Topping extra dazu reichen.

TIPP

Ich serviere die Eiswaffeln stilecht in einem Eiswaffelständer. Sie können sie aber auch in eine oder mehrere mit Zucker gefüllte Schüsseln oder Tassen stellen.

1

2

3

EISKAFFEE-CUPCAKES

75 g weiße Schokolade | 200 ml kalter starker Kaffee | 125 ml Milch | 1 Ei | 175 g Mehl | 40 g Kakaopulver | 1 TL Backpulver (6 g) | ½ TL Natron (3 g) | ¼ TL Salz | 125 g Zucker | 75 g brauner Zucker | 125 g Butter | ausgekratztes Mark von ½ Vanilleschote (ersatzweise ½ TL Vanille-Extrakt) | ca. 10 g Zartbitterschokolade zum Verzieren | 450 ml Vanilleeis | 12 Papierförmchen

Cooles für heiße Tage

Für 12 Stück | 30 Min. Zubereitung | 20 Min. Backen | 1 Std. Abkühlen
Pro Stück ca. 350 kcal, 4 g EW, 16 g F, 37 g KH

1 Backofen auf 175° vorheizen. Je ein Papierförmchen in die Vertiefungen des Muffinblechs setzen. Die weiße Schokolade hacken. 125 ml Kaffee mit Milch und Ei verquirlen. Das Mehl mit Kakao, Backpulver, Natron, Salz, 75 g Zucker und dem braunen Zucker mischen. Die Butter mit den Fingerspitzen in die Mehlmischung reiben, bis nur noch sehr kleine Stücke zu sehen sind. Die Kaffeemischung mit den Quirlen des Handrührgeräts auf niedriger Stufe kurz unterrühren, die gehackte Schokolade unterheben. Teig in die Förmchen füllen.

2 Im Ofen (Mitte) 18 – 20 Min. backen. Cupcakes herausnehmen, kurz abkühlen lassen, aus dem Blech lösen und auf einem Kuchengitter vollständig auskühlen lassen.

3 Inzwischen den übrigen Kaffee mit dem übrigen Zucker und der Vanille aufkochen und in ca. 5 Min. dickflüssig einkochen, dann abkühlen lassen. Von der Schokolade mit einem Sparschäler Locken abziehen. Das Eis zu 12 Kugeln formen und auf die Cupcakes setzen. Mit Sirup beträufeln, mit Schokolocken bestreuen und sofort servieren.

MOJITO-CUPCAKES

100 ml Milch | Saft und abgeriebene Schale von 1 ½ Bio-Limetten | 4 Stiele Minze | 175 g Mehl | ½ Pck. Backpulver (8 g) | Salz | 220 g zimmerwarme Butter | 125 g brauner Zucker | 2 Eier | 3 EL Cachaça (Zuckerrohrschnaps; ersatzweise Apfelsaft) | 100 g Puderzucker | 370 g Doppelrahmfrischkäse | Minzeblättchen, Limettenspalten und brauner Zucker zum Verzieren | 12 Papierförmchen | Einwegspritze (50 ml Inhalt; aus der Apotheke)

Viva Brasil

Für 12 Stück | 50 Min. Zubereitung | 20 Min. Backen | 1 Std. Abkühlen
Pro Stück ca. 375 kcal, 5 g EW, 25 g F, 31 g KH

1 Backofen auf 175° vorheizen. Je ein Papierförmchen in die Vertiefungen des Muffinblechs setzen. Milch und 60 ml Limettensaft mit je 2 Stielen Minze getrennt erhitzen, vom Herd nehmen, zugedeckt ca. 15 Min. ziehen lassen. Minze herausnehmen.

2 Aus Mehl, Backpulver, 1 Prise Salz, 100 g Butter, 100 g Zucker, Eiern, 1 TL Limettenschale, Minz-Milch und 2 EL Cachaça wie im Grundrezept (siehe S. 6) beschrieben einen Teig zubereiten. In die Förmchen füllen. Im Ofen (Mitte) ca. 20 Min. backen. Cakes aus dem Ofen nehmen, kurz abkühlen lassen. Aus dem Blech nehmen und auf einem Kuchengitter auskühlen lassen.

3 Minz-Limettensaft und Cachaça verrühren. Mit der Spritze an drei Stellen je ca. 5 ml Flüssigkeit in die Cakes spritzen. Übrige Butter, Puderzucker, Frischkäse, übrigen Zucker und übrige Limettenschale nach Grundrezept (siehe S. 7) zu einem Topping rühren. In einen Spritzbeutel mit großer Tülle (14 mm ∅) füllen, aufspritzen. Cakes verzieren.

SONNENBLUMEN-CUPCAKES

Darauf fliegen nicht nur kleine Marzipanbienen: Geraspelte Zucchini und gemahlene Mandeln machen den Teig unter der cremigen Blüte extrasaftig.

Für den Teig:
1 kleiner Zucchino (ca. 175 g)
Salz
120 g Mehl
60 g gemahlene Mandeln
½ Pck. Backpulver (8 g)
1 Msp. Zimtpulver
2 Eier
125 g Zucker
1 Pck. Vanillezucker
100 ml Sonnenblumenöl
Für das Topping:
40 g schnittfähiges Nuss-Nougat
3 Eiweiß
180 g Zucker
1 Prise Salz
225 g weiche Butter
1–2 TL gemahlene Kurkuma (ersatzweise gelbe Speisefarbe)
Außerdem:
12 Papierförmchen

Sommerlaune pur

Für 12 Stück | 55 Min. Zubereitung | 20 Min. Backen | 1 Std. Abkühlen
Pro Stück ca. 425 kcal, 4 g EW, 29 g F, 38 g KH

1 Den Backofen auf 175° vorheizen. Je ein Papierförmchen in die Vertiefungen des Muffinblechs setzen. Für den Teig den Zucchino waschen, putzen und fein raspeln. Die Raspel in ein Sieb geben und mit etwas Salz bestreut ziehen lassen.

2 Das Mehl mit Mandeln, Backpulver, 1 Prise Salz und Zimt mischen. Die Eier mit Zucker und Vanillezucker mit den Quirlen des Handrührgeräts gut verquirlen. Öl langsam unterschlagen. Mehlmischung dazugeben und auf niedriger Stufe kurz unterrühren. Zucchiniraspel sehr gut ausdrücken und kurz unterrühren. Teig in die Förmchen füllen. Im Ofen (Mitte) ca. 20 Min. backen.

3 Ca. 5 Min. vor Ende der Backzeit das Nuss-Nougat in zwölf Würfel schneiden. Jeden Cupcake mit einem Würfel belegen und fertig backen. Cakes herausnehmen, geschmolzenen Nougat mit einem Löffel rund auf der Cupcakemitte verstreichen, das ist der Blütenboden. Cakes aus dem Blech nehmen und auf einem Kuchengitter auskühlen lassen.

4 Inzwischen für das Topping aus den angegebenen Zutaten wie im Grundrezept (siehe S. 9) beschrieben eine Swiss-Meringue-Buttercreme zubereiten und mit Kurkuma oder Speisefarbe gelb einfärben. Creme in einen Spritzbeutel mit Blatttülle oder kleiner Sterntülle füllen und in zwei Runden als Blütenblätter auf die Cupcakes spritzen. Dabei außen anfangen und zur Blütenmitte hin versetzt einen zweiten Ring Blütenblätter aufspritzen. Nach Belieben mit Marzipanbienen (siehe Tipp) verzieren.

TIPP

Für die Bienen 20–25 g Marzipanrohmasse mit etwas gemahlener Kurkuma gelb färben und nochmals 20–25 g Marzipanrohmasse mit etwas Kakaopulver braun färben. Jede Portion zu erbsengroßen Kugeln rollen. Je 4 Kugeln zu 12 Bienenkörpern zusammendrücken. Je 4 Mandelblättchen als Flügel in die Körper stecken und nach Belieben mit Zuckerschrift Augen aufmalen. Bienen auf die Blüten setzen oder mithilfe eines Holzspießchens über den Blüten »fliegen« lassen.

BROMBEER-KOKOS-CUPCAKES

2 Dosen Kokosmilch (à 400 ml; 60-70 % Kokosnuss, ohne Verdickungsmittel) | 250 g Brombeeren | 2 TL Apfelessig | 225 g Mehl | 30 g Speisestärke | 1 TL Backpulver (6 g) | 180 g Zucker | Salz | ausgekratztes Mark von 1 Vanilleschote (ersatzweise 1 TL Vanille-Extrakt) | 80 ml Sonnenblumenöl | ca. 2 TL Kokosraspel zum Verzieren | 250 g schlagfähige, gekühlte Sojacreme | 4 TL Puderzucker | 12 Papierförmchen

Veganes Beerenglück

Für 12 Stück | 40 Min. Zubereitung | 25 Min. Backen | 1 Std. Abkühlen | 12 Std. Kühlzeit
Pro Stück ca. 395 kcal, 4 g EW, 26 g F, 36 g KH

1 Die Kokosmilch über Nacht kühl stellen. Die Dosen öffnen und den wässrigen Teil abgießen, davon 250 ml auffangen. Kokoscreme in den Dosen wieder kühl stellen. Backofen auf 175° vorheizen. Je ein Papierförmchen in die Vertiefungen des Muffinblechs setzen. Die Brombeeren waschen und abtropfen lassen. 12 Beeren beiseitelegen.

2 Kokoswasser und Essig mischen. Mehl, Stärke, Backpulver, Zucker und 1 Prise Salz mischen. Vanille, Öl und Kokoswasser-Mix kurz unterrühren. Ca. 10 Sek. auf höchster Stufe durchrühren. Beeren unterheben. Teig in die Förmchen füllen. Im Ofen (Mitte) ca. 25 Min. backen. Kokosraspel in einer Pfanne ohne Fett rösten. Cakes herausnehmen, kurz abkühlen lassen, aus dem Blech lösen und auf einem Kuchengitter auskühlen lassen.

3 Kokos-, Sojacreme mit Puderzucker ca. 5 Min. aufschlagen. In einen Spritzbeutel mit großer Sterntülle (ca. 14 mm Ø) füllen und auf die Cakes spritzen. Mit Beeren und Kokosraspeln verzieren.

APRIKOSEN-CHEESE-CUPCAKES

110 g weiche Butter | 60 g Amarettini (ital. Mandelkekse) | 6 reife Aprikosen (ca. 350 g; ersatzweise 1 Dose mit 480 g Abtropfgewicht) | 375 g Ricotta | 250 g Magerquark | 80 g Zucker | ½ Pck. Vanillepuddingpulver zum Kochen | 2 EL Weichweizengrieß | 1 Msp. Backpulver | 2 EL Zitronensaft | 2 Eier | 75 g Puderzucker | 1 TL abgeriebene Bio-Zitronenschale | 90 g Doppelrahmfrischkäse | 2 EL Aprikosen-Fruchtaufstrich | 12 Papierförmchen

Gute-Laune-Macher

Für 12 Stück | 25 Min. Zubereitung | 30 Min. Backen | 1 Std. Abkühlen
Pro Stück ca. 280 kcal, 8 g EW, 16 g F, 21 g KH

1 Backofen auf 175° vorheizen. Je ein Papierförmchen in die Vertiefungen des Muffinblechs setzen. 20 g Butter zerlassen. Amarettini fein zerbröseln, untermischen. Mit einem Löffel an den Boden der Förmchen drücken. Aprikosen mit kochendem Wasser überbrühen, häuten, halbieren und entsteinen.

2 125 g Ricotta, Quark, Zucker, Puddingpulver, Grieß, Backpulver und Zitronensaft mit den Quirlen des Handrührgeräts glatt rühren. Eier einzeln unterrühren. Masse in die Förmchen füllen. Aprikosenhälften mit der Wölbung nach oben hineinsetzen. Im Ofen (Mitte) ca. 30 Min. backen, nach ca. 20 Min. mit Alufolie abdecken. Ca. 30 Min. im ausgeschalteten Ofen bei geöffneter Tür abkühlen lassen.

3 Übrige Butter und Puderzucker mit den Quirlen des Handrührgeräts in ca. 5 Min. cremig rühren. Die Zitronenschale, übrigen Ricotta und Frischkäse kurz unterrühren. In einen Spritzbeutel mit großer Sterntülle (14 mm ∅) füllen und auf die Cakes spritzen. Aufstrich erwärmen, darüberträufeln.

HERRLICH HERBSTLICH

Jetzt schlagen die Herzen aller Genießer höher, denn es ist Erntezeit für aromatische Äpfel und Kürbisse, saftige Pflaumen und knackige Nüsse. Klar, dass wir mit diesen saisonalen Schätzen feine Cupcakes für gemütliche Stunden zaubern.

APFEL-STREUSEL-CUPCAKES

Das Trio aus saftigem Vollkornteig mit Apfel, feiner Vanillecreme und knusprigen Zimtstreuseln ist einfach paradiesisch gut.

Für die Füllung:
½ Pck. Vanillepuddingpulver zum Kochen
250 ml Milch | 2 EL Zucker
100 g weiche Butter

Für die Streusel:
50 g Mehl | 25 g weiche Butter
25 g Zucker | Salz
1 TL Zimtpulver

Für den Teig:
1 Apfel (ca. 200 g; z. B. Boskop)
175 g Vollkorn-Weizenmehl
40 g blütenzarte Haferflocken
½ Pck. Backpulver (8 g)
Salz | 1 Msp. Zimtpulver
2 Eier | 100 g Zucker
75 g brauner Zucker
150 ml Sonnenblumenöl
175 g Buttermilch

Außerdem:
Puderzucker zum Bestäuben
12 Papierförmchen

Knuspergenuss

Für 12 Stück | 45 Min. Zubereitung | 25 Min. Backen | 3 Std. Abkühlen
Pro Stück ca. 385 kcal, 5 g EW, 24 g F, 38 g KH

1 Für die Füllung aus den angegebenen Zutaten wie im Grundrezept (siehe S. 8) beschrieben eine klassische Buttercreme herstellen. In einen Spritzbeutel mit großer Lochtülle (14 mm Ø) füllen und bis zur Verwendung zugedeckt kühl stellen.

2 Für die Streusel Mehl, Butter, Zucker, 1 Prise Salz und Zimt mit den Fingern zu Streuseln verkneten, kühl stellen.

3 Den Backofen auf 180° vorheizen. Je ein Papierförmchen in die Vertiefungen des Muffinblechs setzen. Für den Teig den Apfel schälen, vierteln, entkernen und sehr klein würfeln. Mehl, Haferflocken, Backpulver, 1 Prise Salz und Zimt mischen. Die Eier mit Zucker, braunem Zucker, Öl und Buttermilch mit den Quirlen des Handrührgeräts 2 – 3 Min. verquirlen. Die Mehlmischung auf niedriger Stufe kurz unterrühren. Ca. 10 Sek. auf höchster Stufe rühren. Die Apfelwürfel unterheben.

4 Teig in die Förmchen füllen. Im Ofen (Mitte) ca. 5 Min. backen, herausnehmen. Streusel auf den Cakes verteilen und weitere ca. 20 Min. backen. Herausnehmen, kurz abkühlen lassen, aus dem Blech lösen und auf einem Kuchengitter auskühlen lassen.

5 Mit einem Sägemesser den Teil der Cupcakes, der über die Papierförmchen herausragt, abschneiden. Buttercreme kreisförmig flach auf die Unterteile spritzen. Oberteile auflegen. Vor dem Servieren dünn mit Puderzucker bestäuben.

TIPP

Für eine blitzschnelle Füllung anstelle der Buttercreme schlage ich Sahne mit Vanillezucker auf.

SCHOKO-ERDNUSS-CUPCAKES

750 ml Sojadrink Natur | 1 Pck. Vanillepuddingpulver zum Kochen | 4 EL + 100 g Zucker | 200 g cremige ungesüßte Erdnusscreme | 2 TL Apfelessig | 180 g Mehl | 60 g Kakaopulver | ½ Pck. Backpulver (8 g) | 75 g brauner Zucker | Salz | 80 ml Sonnenblumenöl | ausgekratztes Mark von 1 Vanilleschote (ersatzweise 1 TL Vanille-Extrakt) | 2 TL Erdnusskerne | ca. 10 g vegane Zartbitterschokolade zum Verzieren | 12 Papierförmchen

Vegane Supercakes

Für 12 Stück | 35 Min. Zubereitung | 25 Min. Backen | 3 Std. Abkühlen
Pro Stück ca. 360 kcal, 9 g EW, 18 g F, 40 g KH

1 Aus 500 ml Sojadrink, Puddingpulver, 4 EL Zucker und Erdnusscreme wie im Grundrezept (siehe S. 8) beschrieben eine Erdnussbuttercreme herstellen. In einen Spritzbeutel mit großer Sterntülle (14 mm ∅) füllen, ca. 2 Std. kühlen. Backofen auf 175° vorheizen. Je ein Papierförmchen in die Vertiefungen des Muffinblechs setzen.

2 Übrigen Sojadrink mit Essig verrühren, kurz ruhen lassen. Mehl, Kakao, Backpulver, 100 g Zucker, braunen Zucker und 1 Prise Salz mischen. Sojadrink, Öl und Vanille mit den Quirlen des Handrührgeräts kurz unterrühren, alles ca. 10 Sek. auf höchster Stufe rühren. Teig in die Förmchen füllen. Im Ofen (Mitte) 20 – 25 Min. backen. Herausnehmen, kurz abkühlen lassen, aus dem Blech lösen und auf einem Kuchengitter auskühlen lassen.

3 Erdnüsse ohne Fett rösten, grob hacken. Von der Schokolade mit einem Sparschäler »Locken« abziehen. Creme auf die Cupcakes spritzen. Mit Erdnüssen und Schokolocken verzieren.

PEKANNUSS-KARAMELL-CUPCAKES

50 g Pekannusskerne | 150 g Zucker | 180 g Mehl | 1 TL Backpulver (6 g) | Salz | 250 g weiche Butter | 2 Eier | 100 ml Milch | 50 g saure Sahne | 150 g Karamell-Brotaufstrich | 135 g Doppelrahmfrischkäse | 12 karamellisierte Pekannusskerne (Fertigprodukt) | 12 Papierförmchen

Vertreiben den Herbst-Blues

Für 12 Stück | 30 Min. Zubereitung | 25 Min. Backen | 1 Std. Abkühlen
Pro Stück ca. 425 kcal, 5 g EW, 29 g F, 35 g KH

1 Backofen auf 170° vorheizen. Je ein Papierförmchen in die Vertiefungen des Muffinblechs setzen.

2 Für den Teig die Pekannüsse in einer Pfanne ohne Fett rösten, kurz abkühlen lassen. Dann mit 75 g Zucker im Blitzhacker fein hacken. Mehl mit Backpulver und 1 Prise Salz mischen. 150 g Butter, übrigen Zucker und den Nuss-Zucker mit den Quirlen des Handrührgeräts ca. 5 Min. cremig rühren. Eier einzeln unterrühren. Die Hälfte der Mehlmischung im Wechsel mit der Milch kurz untermixen. Dann die restliche Mehlmischung mit der sauren Sahne kurz unterrühren. Den Teig in die Förmchen füllen. Im Ofen (Mitte) ca. 25 Min. backen. Die Cupcakes herausnehmen, kurz abkühlen lassen, dann aus dem Blech lösen und auf einem Kuchengitter auskühlen lassen.

3 Für das Topping die übrige Butter mit dem Karamell-Aufstrich ca. in 5 Min. cremig aufschlagen. Frischkäse kurz unterrühren. Das Topping in einen Spritzbeutel mit großer Lochtülle (14 mm ∅) füllen und als Tuffs auf die Cupcakes spritzen. Jeden Cupcake mit 1 karamellisierten Pekannuss verzieren.

PFLAUMEN-HASELNUSS-CUPCAKES

300 g reife Pflaumen | 100 g Mehl | 75 g gemahlene Haselnüsse | ½ Pck. Backpulver (8 g) | Salz | 1 TL Zimtpulver | 180 g weiche Butter | 100 g Zucker | 2 Eier | 125 ml Milch | 60 g Puderzucker | 200 g Schmand | 50 g Pflaumenmus (aus dem Glas) | 6 TL Haselnusskrokant (Fertigprodukt) | 12 Papierförmchen

Herbst-Star

Für 12 Stück | 30 Min. Zubereitung | 20 Min. Backen | 1 Std. Abkühlen
Pro Stück ca. 320 kcal, 4 g EW, 22 g F, 27 g KH

1 Backofen auf 175° vorheizen. Je ein Papierförmchen in die Vertiefungen des Muffinblechs setzen. Die Pflaumen waschen und mit Küchenpapier abreiben. Dann halbieren und die Steine entfernen. Zwei Hälften zum Verzieren beiseitelegen, die restlichen Pflaumen sehr klein würfeln.

2 Den Teig aus Mehl, Nüssen, Backpulver, 1 Prise Salz, Zimt, 100 g Butter, Zucker, Eiern und Milch wie im Grundrezept (siehe S. 6) beschrieben zubereiten. Die Pflaumenwürfel unterheben und den Teig in die Förmchen füllen. Im Ofen (Mitte) 18–20 Min. backen. Herausnehmen, kurz abkühlen lassen, aus dem Blech lösen und auf einem Kuchengitter auskühlen lassen.

3 Für das Topping übrige Butter und Puderzucker mit den Quirlen des Handrührgeräts in ca. 5 Min. cremig rühren. Schmand kurz unterrühren. Pflaumenmus dazugeben und mit einer Gabel unter die Creme strudeln, sodass die Mischung streifig bleibt. In einen Spritzbeutel mit großer Sterntülle (14 mm ∅) füllen und auf die Cakes spritzen. Die beiseitegelegten Pflaumenhälften in je 6 Schnitze schneiden. Die Cupcakes mit Krokant bestreuen und mit Pflaumenschnitzen verzieren.

KÜRBIS-CUPCAKES MIT AHORNSIRUP

¼ Hokkaidokürbis (ca. 250 g) | 150 g Mehl | 50 g gemahlene Walnüsse | ½ Pck. Backpulver (8 g) | Salz | 1 geh. TL Zimtpulver | ½ TL Ingwerpulver | 1 Prise frisch geriebene Muskatnuss | 2 Eier | 50 g + 3 EL Ahornsirup | 100 g brauner Zucker | 75 g Sonnenblumenöl | ausgekratztes Mark von 1 Vanilleschote (ersatzweise 1 TL Vanille-Extrakt) | 120 g weiche Butter | 100 g Puderzucker | 200 g Magerquark | 160 g Doppelrahmfrischkäse | Zimtpulver zum Bestäuben | 12 Papierförmchen

Wunderbar würzig

Für 12 Stück | 40 Min. Zubereitung | 30 Min. Backen | 1 Std. Abkühlen
Pro Stück ca. 355 kcal, 6 g EW, 22 g F, 33 g KH

1 Backofen auf 180° vorheizen. Je ein Papierförmchen in die Vertiefungen des Muffinblechs setzen. Kürbis waschen, entkernen und fein raspeln, 175 g Raspel abwiegen. Mehl mit Nüssen, Backpulver, 1 Prise Salz und den Gewürzen mischen. Eier, 50 g Sirup und Zucker mit den Quirlen des Handrührgeräts in ca. 5 Min. hell-cremig aufschlagen. Kürbis auf niedriger Stufe kurz unterrühren. Mehlmischung, Öl und Vanille dazugeben und kurz glatt rühren. Teig in die Förmchen füllen. Im Ofen (Mitte) 25–30 Min. backen. Cupcakes herausnehmen, kurz abkühlen lassen, aus dem Blech lösen und auf einem Kuchengitter auskühlen lassen.

2 Butter, Puderzucker und 3 EL Sirup mit den Quirlen des Handrührgeräts in ca. 5 Min. cremig rühren. Quark und Frischkäse glatt rühren und kurz unter die Buttercreme rühren. Creme in einen Spritzbeutel mit großer Lochtülle (12 mm ∅) füllen und zugedeckt kühl stellen. Vor dem Servieren in kleinen Tupfen auf die Cakes spritzen. Mit Zimt bestäuben.

BANOFFEE-SCHOKO-CUPCAKES

Genau wie im englischen Dessert kommt hier das Traumpaar Banane und Toffee im Teig zusammen. Getoppt wird das nur noch durch eine verführerische Schokocreme.

Für den Teig:
80 g weiche Karamellbonbons (Toffees)
175 g Mehl
½ Pck. Backpulver (8 g)
Salz
¼ TL Zimtpulver
120 g Zucker
1 Pck. Vanillezucker
40 g weiche Butter
1 Ei
80 g saure Sahne
1 reife Banane (ca. 200 g)

Für das Topping:
250 g Zartbitterschokolade
180 g saure Sahne
Salz
70 g Puderzucker

Außerdem:
1 kleine Banane
ca. 2 EL Zitronensaft
12 Papierförmchen

Widerstand zwecklos

Für 12 Stück | 40 Min. Zubereitung | 20 Min. Backen | 1½ Std. Abkühlen
Pro Stück ca. 345 kcal, 5 g EW, 17 g F, 44 g KH

1 Den Backofen auf 180° vorheizen. Je ein Papierförmchen in die Vertiefungen des Muffinblechs setzen.

2 Für den Teig die Bonbons grob hacken, beiseitestellen. Mehl, Backpulver, 1 Prise Salz, Zimt, Zucker und Vanillezucker mischen. Die Butter dazugeben und mit den Fingerspitzen in die Mehlmischung reiben, bis nur noch ganz kleine Stücke zu sehen sind. Das Ei und die saure Sahne mit den Quirlen des Handrührgeräts verrühren. Banane schälen, längs halbieren und in sehr kleine Stücke schneiden, zur Ei-Sahne-Mischung geben. Alles noch einmal kurz durchrühren. Zur Mehlmischung geben und auf niedriger Stufe kurz unterrühren. Gehackte Bonbons unterheben (Bild 1).

3 Teig in die Förmchen füllen. Im Ofen (Mitte) 18 – 20 Min. backen. Cupcakes herausnehmen, kurz abkühlen lassen, aus dem Blech lösen und auf einem Kuchengitter auskühlen lassen.

4 Inzwischen für das Topping die Schokolade grob hacken und über einem Wasserbad schmelzen (Bild 2). Ca. 10 Min. abkühlen lassen. Saure Sahne und 1 Prise Salz dazugeben und mit den Quirlen des Handrührgeräts cremig aufschlagen. Puderzucker kurz unterrühren. Topping in einen Spritzbeutel mit großer Sterntülle (14 mm Ø) füllen und bis zur Verwendung (mind. 30 Min.) zugedeckt kühl stellen.

5 Topping als Tuffs auf die Cupcakes spritzen (Bild 3). Banane schräg in 12 dünne Scheiben schneiden und sofort mit Zitronensaft bestreichen. Cupcakes damit verzieren.

1

2

3

ROTWEIN-CUPCAKES MIT INGWERTOPPING

Die Kombination aus würzig-schokoladigem Rührkuchen mit Feigen und exotisch-aromatischer Frischkäsecreme ist an grauen Herbsttagen Balsam für die Seele.

Für den Teig:
4 – 5 reife Feigen (250 g)
100 g Zartbitterschokolade
150 g Mehl
½ Pck. Backpulver (8 g)
½ TL Zimtpulver
2 EL Kakaopulver | Salz
150 g weiche Butter
100 g Zucker
1 Pck. Vanillezucker | 3 Eier
150 ml trockener Rotwein (ersatzweise Sauerkirschnektar)
Für das Topping:
45 g Ingwernüsse in Sirup + 3 EL Ingwersirup (aus dem Glas; Asienregal im Supermarkt)
90 g weiche Butter
75 g Puderzucker
¼ TL Ingwerpulver
275 g Doppelrahmfrischkäse
Außerdem
12 Papierförmchen

Raffinierte Kombi

Für 12 Stück | 45 Min. Zubereitung | 25 Min. Backen | 1 Std. Abkühlen
Pro Stück ca. 425 kcal, 6 g EW, 28 g F, 37 g KH

1 Den Backofen auf 180° vorheizen. Je ein Papierförmchen in die Vertiefungen des Muffinblechs setzen.

2 Für den Teig die Feigen waschen. 1 Feige für die Verzierung beiseitelegen. Restliche Feigen klein würfeln. Die Schokolade sehr fein reiben. Das Mehl mit Backpulver, Zimt, Kakao und 1 Prise Salz mischen. Butter, Zucker und Vanillezucker mit den Quirlen des Handrührgeräts ca. in 5 Min. cremig rühren. Eier einzeln unterrühren. Die Mehlmischung im Wechsel mit dem Wein auf niedriger Stufe kurz unterrühren. Als Nächstes die geriebene Schokolade, dann die Feigenwürfel unterheben.

3 Den Teig in die Förmchen füllen. Im Ofen (Mitte) 20 – 25 Min. backen. Cupcakes herausnehmen, kurz abkühlen lassen, aus dem Blech lösen und auf einem Kuchengitter auskühlen lassen.

4 Für das Topping die Ingwernüsse gut abtropfen lassen und in sehr kleine Würfel schneiden bzw. hacken. Die Butter mit Puderzucker und Ingwerpulver mit den Quirlen des Handrührgeräts in ca. 5 Min. cremig rühren. Ingwersirup unterrühren. Frischkäse dazugeben und kurz unterrühren. Die gewürfelten Ingwernüsse bis auf 1 TL für die Verzierung unterheben. Das Topping in einen Spritzbeutel mit großer Sterntülle (ca. 14 mm ∅) füllen und bis zur Verwendung zugedeckt kühl stellen.

5 Die beiseitegelegte Feige in zwölf schmale Spalten schneiden. Topping als Tuffs auf die Cupcakes spritzen und mit den übrigen gewürfelten Ingwernüssen und Feigenspalten verzieren.

WUNDERBAR WINTERLICH

Ob Adventskaffee, Silvesterparty oder gemütliches Kaffeekränzchen: Anlässe zum Backen gibt es in der kalten Jahreszeit genug. Mit raffinierten Bratapfel-Cupcakes, festlichen Kir-Royal-Cupcakes oder wärmend-würzigen Chai-Latte-Cupcakes sind Sie bestens gerüstet.

BRATAPFEL-CUPCAKES

Hier fängt die Freude schon an, wenn der herrliche Duft von gebratenen Äpfeln für das Topping aus dem Ofen kommt. Die Küchlein dazu werden mit Gewürzkeksen verfeinert.

Für das Topping:
2 kleine Äpfel (à ca. 170 g; z. B. Boskop)
1 EL Rosinen
2 EL Mandelblättchen
1 TL Zimtpulver | 1 EL Zucker
50 g Marzipanrohmasse
30 g Butter
100 g Mascarpone
100 g Doppelrahmfrischkäse

Für den Teig:
175 g Mehl
½ Pck. Backpulver (8 g)
Salz
100 g Butter | 100 g Zucker
ausgekratztes Mark von 1 Vanilleschote (ersatzweise 1 TL Vanille-Extrakt)
2 Eier | 125 ml Milch
140 g Kekse (z. B. Spekulatius)

Außerdem
12 Papierförmchen

Für gemütliche Stunden

Für 12 Stück | 30 Min. Zubereitung | 65 Min. Backen | 1½ Std. Abkühlen
Pro Stück ca. 347 kcal, 5 g EW, 21 g F, 35 g KH

1 Den Backofen auf 175° vorheizen. Für das Topping die Äpfel schälen, vierteln, entkernen und in eine flache Auflaufform legen. Rosinen, Mandelblättchen, Zimt und Zucker mischen. Die Marzipanrohmasse grob raspeln und unterrühren. Diese Mischung auf den Äpfeln verteilen und mit der Butter in Flöckchen belegen. 4–5 EL Wasser dazugeben.

2 Die Äpfel im Ofen (Mitte) ca. 45 Min. backen, bis sie weich sind. Aus dem Ofen nehmen (Ofen anlassen), in einen hohen Rührbecher geben und fein pürieren. Püree abkühlen lassen.

3 Inzwischen für den Teig Mehl mit Backpulver und 1 Prise Salz mischen. Butter und Zucker mit den Quirlen des Handrührgeräts in ca. 5 Min. cremig rühren. Vanille einrühren. Die Eier einzeln unterrühren. Mehlmischung im Wechsel mit der Milch auf niedriger Stufe kurz unterrühren. 6 Kekse zum Verzieren beiseitelegen, den Rest grob hacken und unter den Teig heben. Je ein Papierförmchen in die Vertiefungen des Muffinblechs setzen. Teig in die Förmchen füllen. Im Ofen (Mitte) 18–20 Min. backen. Cupcakes herausnehmen, kurz abkühlen lassen, aus dem Blech lösen und auf einem Kuchengitter auskühlen lassen.

4 Für das Topping Mascarpone und Frischkäse mit den Quirlen des Handrührgeräts kurz aufschlagen. Die abgekühlte Apfelmasse kurz unterschlagen. In einen Spritzbeutel mit großer Lochtülle (14 mm ∅) füllen und als Tuffs auf die Cupcakes spritzen. Die beiseitegelegten Kekse vorsichtig in zwei Hälften brechen und die Tuffs mit je ½ Keks verzieren.

PREISELBEER-LEBKUCHEN-CUPCAKES

175 g Mehl | ½ Pck. Backpulver (8 g) | 40 g Kakaopulver | 1 geh. TL Lebkuchengewürz | Salz | 250 g weiche Butter | 225 g Zucker | 2 Eier | 175 ml Milch | 2 Eiweiß | ca. 160 g zimmerwarmes Preiselbeerkompott (aus dem Glas) | rote Speisefarbenpaste | 12 große weiße Zuckerperlen | 12 Papierförmchen

Gruß vom Nikolaus

Für 12 Stück | 1 Std. Zubereitung |
20 Min. Backen | 1 Std. Abkühlen
Pro Stück ca. 335 kcal, 4 g EW, 20 g F, 35 g KH

1 Backofen auf 175° vorheizen. Je ein Papierförmchen in die Vertiefungen des Muffinblechs setzen.

2 Mehl mit Backpulver, Kakao, Lebkuchengewürz und 1 Prise Salz mischen. 100 g weiche Butter mit 100 g Zucker cremig rühren, die Eier unterrühren. Die Mehlmischung im Wechsel mit der Milch untermixen, alles ca. 10 Sek. auf höchster Stufe rühren. Den Teig in die Förmchen füllen. Im Ofen (Mitte) 18–20 Min. backen. Herausnehmen, kurz abkühlen lassen, aus dem Blech lösen und auf einem Kuchengitter auskühlen lassen.

3 Aus Eiweißen, übrigem Zucker und übriger Butter wie im Grundrezept (siehe S. 9) beschrieben eine Swiss-Meringue-Buttercreme zubereiten. 100 g Preiselbeerkompott fein pürieren, nach und nach unterrühren und rot färben. In einen Spritzbeutel mit großer Lochtülle (14 mm ∅) füllen.

4 Die Cakes zum Füllen aushöhlen (siehe Klappe hinten außen). Mit je ½ TL Preiselbeeren füllen, ausgeschnittenen Teil auflegen. Creme als Mütze auf die Cakes spritzen, mit je 1 Zuckerperle krönen.

ZITRONEN-MOHN-CUPCAKES

40 g gemahlener Mohn | ½ Pck. Backpulver (8 g) | 175 g Mehl | 160 g weiche Butter | 150 g Zucker | 3 Eier | 2 EL Naturjoghurt | 80 ml + 1 TL Zitronensaft | 75 g Lemon Curd (aus dem Glas) | 125 g Doppelrahmfrischkäse | abgeriebene Schale von 1 Bio-Zitrone | 300 g Puderzucker, gesiebt | 12 Papierförmchen

Erfrischend säuerlich

Für 12 Stück | 30 Min. Zubereitung | 20 Min. Backen | 1 Std. Abkühlen
Pro Stück ca. 390 kcal, 5 g EW, 17 g F, 53 g KH

1 Backofen auf 180° vorheizen. Je ein Papierförmchen in die Vertiefungen des Muffinblechs setzen.

2 Für den Teig den Mohn in einer Pfanne ohne Fett kurz rösten, abkühlen lassen. Das Backpulver mit dem Mehl und 30 g Mohn mischen. 80 g Butter und den Zucker mit den Quirlen des Handrührgeräts in ca. 5 Min. cremig rühren. Die Eier einzeln unterrühren. Die Mehlmischung im Wechsel mit dem Joghurt und 80 ml Zitronensaft kurz unterrühren.

3 Die Hälfte des Teiges in die Förmchen füllen. Je 1 geh. TL Lemon Curd daraufgeben und mit dem übrigen Teig bedecken. Im Ofen (Mitte) ca. 20 Min. backen. Cupcakes herausnehmen, kurz abkühlen lassen, aus dem Blech lösen und auf einem Kuchengitter auskühlen lassen.

4 Für das Topping die übrige Butter und den Frischkäse mit den Quirlen des Handrührgeräts glatt rühren. Die Zitronenschale und 1 TL Zitronensaft unterrühren, den Puderzucker nach und nach einrühren. Das Topping auf höchster Stufe fluffig schlagen. Auf die Cakes streichen und mit dem übrigen Mohn bestreuen.

KIR-ROYAL-CUPCAKES

180 g Mehl | ½ Pck. Backpulver (8 g) | 275 g Zucker | Salz | 1 Ei | 100 ml trockener Sekt (ersatzweise 90 ml weißer Traubensaft + 1 EL Zitronensaft) | 60 ml Milch | 60 ml Sonnenblumenöl | ausgekratztes Mark von 1 Vanilleschote (ersatzweise 1 – 2 TL Vanille-Extrakt) | 2 Eiweiß | 150 g weiche Butter | 4 EL zimmerwarmer Creme de Cassis (Johannisbeerlikör; ersatzweise Cassis-Sirup) | lila oder rosa Speisefarbenpaste | gezuckerte Johannisbeerrispen zum Verzieren | 12 Papierförmchen

Cocktailklassiker zum Anbeißen

Für 12 Stück | 50 Min. Zubereitung | 25 Min. Backen | 1 Std. Abkühlen
Pro Stück ca. 320 kcal, 3 g EW, 16 g F, 39 g KH

1 Backofen auf 175° vorheizen. Je ein Papierförmchen in die Vertiefungen des Muffinblechs setzen.

2 Für den Teig Mehl, Backpulver, 150 g Zucker und 1 Prise Salz mischen. Ei trennen. Das Eiweiß mit den Quirlen des Handrührgeräts steif schlagen. Das Eigelb mit Sekt, Milch, Öl und Vanille verquirlen. Mehlmischung kurz unterrühren. Ca. 10 Sek. auf höchster Stufe durchrühren. Eischnee vorsichtig unterheben. Teig in die Förmchen füllen. Im Ofen (Mitte) 20 – 25 Min. backen. Cakes herausnehmen, kurz abkühlen lassen, aus dem Blech lösen und auf einem Kuchengitter auskühlen lassen.

3 Inzwischen aus den 2 Eiweißen, dem übrigen Zucker und der Butter wie im Grundrezept (siehe S. 9) beschrieben eine Swiss-Meringue-Buttercreme zubereiten. Cassis esslöffelweise unterrühren und die Creme lila oder rosa färben. In einen Spritzbeutel mit großer Sterntülle (ca. 14 mm ∅) füllen und auf die ausgekühlten Cupcakes spritzen. Mit gezuckerten Johannisbeerrispen verzieren.

SCHOKO-MINI-CUPCAKES MIT SALZKARAMELL

75 g Mehl | 20 g + 1 geh. EL Kakaopulver | ½ TL Natron (3 g) | Salz | 130 g weiche Butter | 25 g Zucker | 60 g brauner Zucker | 1 Ei | ausgekratztes Mark von ½ Vanilleschote (ersatzweise ½ TL Vanille-Extrakt) | 90 g Buttermilch | 100 g Zartbitterschokolade | 10 g Puderzucker | ca. ¼ TL Fleur de Sel (2 g) | ca. 150 g Karamell-Brotaufstrich | 24er-Mini-Muffinblech | 24 Mini-Papierförmchen

Ganz groß, die Kleinen

Für 24 Stück | 45 Min. Zubereitung | 15 Min. Backen | 45 Min. Abkühlen
Pro Stück ca. 110 kcal, 1 g EW, 7 g F, 11 g KH

1 Backofen auf 175° vorheizen. Je ein Papierförmchen in die Vertiefungen des Muffinblechs setzen. Mehl, 20 g Kakao, Natron und 1 Prise Salz mischen. 50 g Butter und beide Zuckersorten in ca. 5 Min. cremig rühren. Ei und Vanille unterrühren. Mehlmischung im Wechsel mit Buttermilch kurz unterrühren. Ca. 10 Sek. auf höchster Stufe rühren.

2 Den Teig in die Förmchen füllen und im Ofen (Mitte) 13 – 15 Min. backen. Herausnehmen, kurz abkühlen lassen, dann aus dem Blech lösen und auf einem Kuchengitter auskühlen lassen.

3 Schokolade hacken und schmelzen, etwas abkühlen lassen. 1 geh. EL Kakao mit 2 EL heißem Wasser glatt rühren. Übrige Butter und Puderzucker mit den Quirlen des Handrührgeräts cremig rühren. Schokolade und Kakao unterrühren. In einen Spritzbeutel mit großer Sterntülle (14 mm ∅) füllen. 1 – 2 g Fleur de Sel unter den Karamell-Aufstrich rühren. Cakes zum Füllen aushöhlen (siehe Klappe hinten außen). Karamell einfüllen, Topping aufspritzen, mit etwas Fleur de Sel bestreuen.

MANGO-KOKOS-CUPCAKES

Da geht die Sonne auf: Fruchtiger Mangosmoothie und herber Matchatee bringen natürliche Farbe und Aroma in das hübsche Häubchen auf dem saftigen Kokoscake.

Für den Teig:
60 g Kokosflocken
125 g Mehl
½ Pck. Backpulver (8 g)
Salz
100 g weiche Butter
100 g Zucker
2 Eier
125 ml Mango-Maracuja-Smoothie (Fertigprodukt)

Für das Topping:
120 g weiche Butter
100 g Puderzucker
370 g Doppelrahmfrischkäse
½ – 1 TL Matchapulver (jap. Grünteepulver)
6 EL Mango-Maracuja-Smoothie (Fertigprodukt)

Außerdem:
12 Mangospalten
12 Papierförmchen

Einfarbig war gestern!

Für 12 Stück | 40 Min. Zubereitung | 20 Min. Backen | 1 Std. Abkühlen
Pro Stück ca. 390 kcal, 5 g EW, 28 g F, 30 g KH

1 Den Backofen auf 175° vorheizen. Je ein Papierförmchen in die Vertiefungen des Muffinblechs setzen. Für den Teig die Kokosflocken in einer Pfanne ohne Fett kurz rösten und herausnehmen. Ca. 2 TL zum Verzieren beiseitelegen, die übrigen Kokosflocken mit Mehl, Backpulver und 1 Prise Salz mischen. Butter und Zucker mit den Quirlen des Handrührgeräts ca. 5 Min. cremig rühren. Die Eier einzeln unterrühren. Die Mehlmischung im Wechsel mit dem Mangosmoothie auf niedriger Stufe kurz unterrühren (Bild 1).

2 Den Teig in die Förmchen füllen. Im Ofen (Mitte) 18 – 20 Min. backen. Cupcakes herausnehmen, kurz abkühlen lassen, aus dem Blech lösen und auf einem Kuchengitter auskühlen lassen.

3 Für das Topping Butter und Puderzucker mit den Quirlen des Handrührgeräts in ca. 5 Min. cremig rühren. Den Frischkäse dazugeben und kurz unterrühren. Ca. ein Drittel der Masse abnehmen und das Matchapulver unterrühren (Bild 2). Unter die übrigen zwei Drittel den Mangosmoothie rühren.

4 Einen Spritzbeutel mit großer Sterntülle (14 mm Ø) schräg halten und das grüne Topping an einer Seite längs von unten bis oben hineinstreichen. Gelbes Topping vorsichtig darauffüllen (Bild 3). In Tuffs auf die Cakes spritzen. Mit Mangospalten und beiseitegelegten gerösteten Kokosflocken verzieren.

TIPP

Matchapulver ist fein-aromatisch, von höchster Qualität und nicht günstig. Sie bekommen es im Teegeschäft, Bioladen oder Reformhaus. Wenn Ihnen das Pulver zu teuer ist, können Sie zum Färben grüne Speisefarbenpaste nehmen.

Kakao
1

2

3

CHAI-LATTE-CUPCAKES

100 ml Milch | 2 Beutel Chai-Tee | 175 g Mehl | 1 TL Backpulver (6 g) | Salz | je ½ TL Zimt- und Ingwerpulver | je ¼ TL Nelkenpulver und gemahlener Kardamom | je 1 Msp. gemahlener schwarzer Pfeffer und geriebene Muskatnuss | 250 g weiche Butter | 150 g brauner Zucker | 2 Eier | 5 EL flüssiger Honig | 200 g zimmerwarmer griechischer Joghurt (10 % Fett; möglichst trocken) | 6 Zimtstangen | 12 Papierförmchen

Wärmt Körper und Seele

Für 12 Stück | 35 Min. Zubereitung | 25 Min. Backen | 1 Std. Abkühlen
Pro Stück ca. 320 kcal, 4 g EW, 20 g F, 31 g KH

1 Backofen auf 160° vorheizen. Je ein Papierförmchen in die Vertiefungen des Muffinblechs setzen. Milch aufkochen, vom Herd nehmen und die Teebeutel hineingeben. Zugedeckt ca. 10 Min. ziehen lassen. Den Beutel über der Milch ausdrücken und entfernen. Die Milch abkühlen lassen.

2 Mehl mit Backpulver, 1 Prise Salz und Gewürzen mischen. 100 g Butter und den Zucker mit den Quirlen des Handrührgeräts in ca. 5 Min. cremig rühren. Eier einzeln unterrühren. Mehlmischung im Wechsel mit der Milch auf niedriger Stufe kurz unterrühren. Teig in die Förmchen füllen und im Ofen (Mitte) 20 – 25 Min. backen. Die Cupcakes herausnehmen, kurz abkühlen lassen, aus dem Blech lösen und auf einem Kuchengitter auskühlen lassen.

3 Übrige Butter mit den Quirlen des Handrührgeräts cremig-weiß aufschlagen. Honig, dann Joghurt kurz unterrühren. Topping in einen Spritzbeutel mit großer Lochtülle (14 mm ∅) füllen und 5 – 10 Min. kühl stellen. Auf die Cakes spritzen. Zimtstangen durchbrechen, je ½ Stange auf das Topping legen.

ORANGEN-MARZIPAN-CUPCAKES

235 g Marzipanrohmasse | 125 g Mehl | 50 g Speisestärke | ½ Pck. Backpulver (8 g) | 130 g weiche Butter | 100 g + 2 EL Zucker | 1 Pck. Vanillezucker | abgeriebene Schale von 1 Bio-Orange | 2 Eier | 3 – 4 EL + 60 ml Orangensaft (ca. 3 Orangen) | 75 g Sahne | 1 – 2 Msp. orange Speisefarbenpaste | Puderzucker zum Ausrollen | 12 Papierförmchen

Adventssternchen

Für 12 Stück | 50 Min. Zubereitung | 25 Min. Backen | 1 Std. Abkühlen
Pro Stück ca. 315 kcal, 4 g EW, 17 g F, 36 g KH

1 Backofen auf 180° vorheizen. Je ein Papierförmchen in die Vertiefungen des Muffinblechs setzen.

2 Für den Teig 75 g Marzipan raspeln. Das Mehl mit Stärke und Backpulver mischen. Die Butter mit 100 g Zucker, Vanillezucker und Orangenschale mit den Quirlen des Handrührgeräts in ca. 5 Min. cremig rühren. Die Eier einzeln unterrühren. Marzipanraspel unterrühren. Mehlmischung im Wechsel mit 3 – 4 EL Orangensaft unterrühren. Teig in die Förmchen füllen. Im Ofen (Mitte) 20 – 25 Min. backen.

3 Inzwischen 2 EL Zucker in einem Topf goldgelb karamellisieren. Mit 60 ml Orangensaft ablöschen, ca. 5 Min. köcheln lassen. Cupcakes herausnehmen, kurz abkühlen lassen und noch warm mit etwas Sud einpinseln. Aus dem Blech lösen und auf einem Kuchengitter auskühlen lassen.

4 60 g Marzipan mit 30 ml Sud pürieren. Sahne steif schlagen und unterheben. Auf die Cupcakes streichen. Übriges Marzipan orange färben (siehe Tipp S. 33) und auf Puderzucker ausrollen. Daraus 12 Sterne ausstechen und auf die Cupcakes legen.

REGISTER

Damit Sie Rezepte mit bestimmten Zutaten noch schneller finden, sind in diesem Register auch beliebte Zutaten wie **Frischkäse** oder **Mandeln** alphabetisch eingeordnet und hervorgehoben. Darunter finden Sie das Rezept Ihrer Wahl.

A

B

C/D

E

F

H/I/J

K

Projektleitung: Dorothea Schwarz
Lektorat: Katharina Lisson
Korrektorat: Jutta Friedrich
Innen- und Umschlaggestaltung: independent Medien-Design, Horst Moser, München
Herstellung: Mendy Jost, Renate Hutt
Satz: Kösel, Krugzell
Reproduktion: Medienprinzen, München
Druck und Bindung: Schreckhase, Spangenberg
Syndication: www.jalag-syndication.de
Printed in Germany

1. Auflage 2015
ISBN 978-3-8338-4463-8

www.facebook.com/gu.verlag

GRÄFE UND UNZER

Ein Unternehmen der
GANSKE VERLAGSGRUPPE

Die Autorin

Inga Pfannebecker ist Diplom-Oecotrophologin und war als Food-Redakteurin bei namhaften Zeitschriften tätig. Seit 2012 lebt sie als Journalistin und Buchautorin in Amsterdam. Ihre Schwäche für Süßes lebt sie am liebsten mit schnellen, raffinierten Backrezepten aus, die auch Familie und Freunde glücklich machen.

Das Fototeam

Das **Eising Studio** zählt zu den international führenden Studios im Bereich der Food-Fotografie. Hier entstehen hochwertige Produktionen für Verlage, Agenturen und Industriekunden. Das Team bei diesem Buch: Martina Görlach und Katrin Winner (Foto), Christina Kempe und Michael Koch (Foodstyling); Alissa Poller (Assistenz Foodstyling).

Bildnachweis

Titelfoto: Wolfgang Schardt, Hamburg; Autorenfoto: Maud Fontein, Amsterdam; alle anderen Fotos: EISING STUDIO

Titelrezept

Kir-Royal-Cupcakes (S. 54)

Umwelthinweis:
Dieses Buch ist auf PEFC-zertifiziertem Papier aus nachhaltiger Waldwirtschaft gedruckt.

QUALITÄTS G|U GARANTIE

Liebe Leserin, lieber Leser,

haben wir Ihre Erwartungen erfüllt? Sind Sie mit diesem Buch zufrieden? Haben Sie weitere Fragen zu diesem Thema? Wir freuen uns auf Ihre Rückmeldung, auf Lob, Kritik und Anregungen, damit wir für Sie immer besser werden können.

GRÄFE UND UNZER Verlag
Leserservice
Postfach 86 03 13
81630 München
E-Mail:
leserservice@graefe-und-unzer.de

Telefon: 00800 / 72 37 33 33*
Telefax: 00800 / 50 12 05 44*
Mo–Do: 8.00–18.00 Uhr
Fr: 8.00–16.00 Uhr
(gebührenfrei in D, A, CH)*

Ihr GRÄFE UND UNZER Verlag
Der erste Ratgeberverlag – seit 1722.

Backofenhinweis:
Die Backzeiten können je nach Herd variieren. Die Temperaturangaben in unseren Rezepten beziehen sich auf das Backen im Elektroherd mit Ober- und Unterhitze und können bei Gasherden oder Backen mit Umluft abweichen. Details entnehmen Sie bitte Ihrer Gebrauchsanweisung.

Jetzt GU BALANCE
14 Tage kostenlos testen.
Ganz ohne Risiko!
DEIN CODE: BUCH-EZ-HE-15-2-KW
EINFACH GESÜNDER LEBEN
www.gu-balance.de
ERNÄHRUNG
BEWEGUNG
ENTSPANNUNG

PIKANTE CUPCAKES

Überraschung! Die kleinen Küchlein können auch ganz herzhaft: toll für Partybüfetts, zum Picknick oder mit einem Salat auch mal als kleines Abendessen.

VIVA-MEXIKO-CUPCAKES

Für 12 Stück: Je 100 g Mehl und Maismehl, ½ Pck. Backpulver (8 g), 1 TL Salz, 1 Prise Zucker und 1 – 2 EL Taco-Gewürzmischung mischen. 2 Eier mit 180 ml Gemüsebrühe und 80 ml Sonnenblumenöl verquirlen. Zur Mehlmischung geben und kurz unterrühren. 1 kleine Dose Mais (140 g Abtropfgewicht), 1 kleine rote Paprikaschote und 1 rote Chilischote in kleinen Würfeln unterheben. Teig in Förmchen füllen. Im Ofen (Mitte) bei 175° 20 – 25 Min. backen, auskühlen lassen. Inzwischen Fruchtfleisch von 2 reifen Avocados mit dem Saft von ½ Limette und 2 EL Schmand fein pürieren. Creme mit Salz und Pfeffer abschmecken, kühlen. Kurz vor dem Servieren auf die Cupcakes spritzen. Mit je 1 Tacochip und Chiliringen garnieren.

DEFTIGE KÜRBIS-CUPCAKES

Für 12 Stück: 100 g Schinkenspeckwürfel mit 100 g Sahne aufkochen. Vom Herd nehmen und ca. 15 Min. ziehen lassen. Speck herausholen, abtupfen, in einer Pfanne ohne Fett knusprig braten, herausnehmen. 200 g kleine Hokkaidowürfel im Speckfett ca. 5 Min. dünsten. Speck dazugeben, salzen, pfeffern. 200 g Mehl mit ½ Pck. Backpulver (8 g), ½ TL Salz, Pfeffer und 2 EL Röstzwiebeln (Fertigprodukt) mischen. 2 Eier, 60 ml Öl und 200 ml Bier oder Mineralwasser verquirlen. Mehlmischung unterrühren. Kürbis-Mix unterheben. Teig in Förmchen füllen, im Ofen (Mitte) bei 175° 20 – 25 Min. backen, auskühlen lassen. 185 g Doppelrahmfrischkäse mit Speck-Sahne glatt rühren, salzen. Aufspritzen, mit Kürbiskernen bestreuen.